LES LIVRES DE RAISON

ET LES

VOYAGES D'ÉLIE RICHARD

EN HOLLANDE ET EN ALLEMAGNE

PAR

DE RICHEMOND

Archiviste départemental , Correspondant du Ministère, Délégué cantonal
Officier de l'Instruction Publique et du Nichan-el-Anouar , etc.

LA ROCHELLE

IMPRIMERIE A. SIRET , RUE DE L'ESCALE, 23

1890

LES LIVRES DE RAISON

ET LES

VOYAGES D'ÉLIE RICHARD FILS

EN HOLLANDE ET EN ALLEMAGNE (1707)

Le *Livre de raison* a tenu autrefois une grande place
dans les archives domestiques, aussi le Ministère de
l'Instruction publique a-t-il recommandé à ses corres-
pondants l'étude de ces documents, coup d'œil rétros-
pectif jeté sur les affaires, les incidents de la vie privée,
la rentrée des revenus et tous les détails du ménage,
détails prosaïques sans doute, mais qui avaient le mérite
de protéger contre les rêves de la « folle du logis » et les
aberrations romanesques. C'est la voix autorisée d'Antoine de Courtois exhortant ses enfants à marcher sur
ses traces et à « n'avoir jamais égard à aucun intérêt ni
» considération au préjudice de la conscience. » Que ce
soit Antoine de Chabert ou le maître boulanger Pacque-
teau qui tienne la plume, l'historien est sous le charme de
ce singulier accent de sincérité, il se félicite de rencontrer
des notions neuves et exactes sur les mœurs et la famille
d'autrefois , les événements quotidiens, les joies et les

deuils, puis l'écho des passions et de la vie du dehors,
l'impression produite sur les contemporains par les
grands faits des annales rochelaises. Il y a lieu de dis-
tinguer entre les chroniqueurs Mérichon (1) ou Barbot,
les mémoires personnels, Baudoin, Bruneau, Beauval,
Bergier, Guillaudeau, Merlin et Sanseau, les annalistes
Collin, et Mervault, et les voyageurs Godeffroy et Esprin-
chard. C'est à ce dernier groupe qu'appartient le bourgeois rochelais, objet de cette étude.

Né le 12 octobre 1672, Elie Richard ne nous est guères
connu que par ses manuscrits qui révèlent le curieux de
tableaux, de dessins et d'estampes.

« *La relation des voyages faits en Hollande et en
Allemagne par Elie Richard , avocat au Parlement
où l'on voit quantité de faits historiques et critiques* »
porte la date de 1708 et forme un volume in-octavo de
220 pages de texte et 36 feuilles de gravures ou de dessins. Au centre d'une guirlande de fleurs les initiales de
l'auteur. Un beau portrait surmonte des armoiries fine-
ment gravées. Fontette mentionne comme dessinateur
Pierre Picault, et ajoute même que l'encadrement du
portrait du père aurait servi pour le fils, mais il n'y a
pas de signature. L'avocat est dans sa bibliothèque, la
tête ne manque pas de noblesse, la physionomie est ani-
mée par des yeux très vifs , le costume du siècle de
Louis XIV, perruque, habit de soie brodé avec dentelles.

---

(1) Mérichon (Jean), (1410 ? — 1498.)
Barbot (Amos), (1566 — 1625.)
Merlin (Jacques), (1566 — 1620.)
Collin (Raphaël), (1581 — 1647.)
Mervault (Pierre), (1607 — 1675.)

C'est dans cette bibliothèque qu'Elie Richard, le médecin
charitable et savant, se reposait au milieu de sa famille (1)
de ses incessantes visites de malade. Son fils l'a fait re-
vivre dans des pages d'une émotion contenue bien supé-
rieures à la solennelle phraséologie d'Arcère et qui
demeurent sa meilleure production. Le récit de son
voyage est dédié à sa tante Madame B., peut-être Belin,
âgée de soixante ans, dont il rappelle l'étendue de l'esprit,
l'habileté dans les affaires, et surtout l'inclination naturelle à obliger ses amis et à secourir les malheureux.

Il expose les principes qui l'ont guidé :

« Un voyageur curieux doit s'attacher surtout à la
» fréquentation des savants, à visiter les bibliothèques,
» les cabinets des curieux, les laboratoires des chimistes,
» les jardins de botanique ; il doit aussi visiter les ma-
» nufactures et les ateliers des hommes illustres dans
» les arts et leur demander ce qu'il y a de plus curieux
» dans la ville qui regarde leur profession , qu'il ne
» manque pas surtout de fréquenter les Académies,
» d'assister aux harangues ou cérémonies publiques et

---

(1) Le registre de police de la Rochelle aux archives de la
mairie (FF 47) de 1670, contient l'arrêt du Conseil du Roi du 29
mars 1670 qui autorise Etienne Richard, sieur de la Poictevi-
nière, protestant, à résider à la Rochelle et contient l'exposé
suivant : « Dès l'année 1604, deffunct Estienne Richard, son
» père, natif de l'isle de Ré, estant venu s'establir en la ville
» de La Rochelle, il s'y seroit marié (21 février 1604) avec Eliza-
» beth Benureau, fille d'un esleu en ladite ville et, l'année
» suivante, il auroit esté créé bourgeois et habitant de ladite
» ville, et, en l'année 1608, il auroit esté reçu en la charge de
» conseiller et eslu en l'élection dudit lieu, laquelle charge il
» auroit exercée jusqu'à son déceps arrivé auparavant le siège
» de lad. ville, et quant à lad. Benureau, sa veuve, elle y seroit
» demeurée pendant tout led. siège, où elle auroit fait venir le

» de s'informer des coutumes du pays en ce qui regarde
» les lois... Je ne conseillerai jamais de faire trois ou
» quatre mille lieues pour voir le minois d'un Arouaque
» ou d'un Hottentot et je crois que les gens bien sensés
» qui les ont vus, n'ont pas été chez eux exprès pour les
» voir ou en espérance d'apprendre quelque chose
» d'eux ....

« Il n'est pas nécessaire d'avertir qu'on doit être fort
» sur ses gardes lorsqu'on voyage dans un pays ennemi ;
» qu'il faut être muni de bons passeports des deux partis
» et prendre garde surtout devant qui on parle........

> Rarement à courir le monde
> On devient plus homme de bien.....

« La perte que je fis en l'année 1706 du meilleur père
» du monde et auquel j'avais de si grandes obligations,
» me jeta dans une mélancolie extraordinaire... qui me
» mit sur les bords du tombeau. Madame B. ma tante
» se trouva avoir des affaires en Hollande. Elle me pro-
» posa de l'y accompagner et voulut bien me défrayer

» suppliant qui estoit aux études en lad. ville de Poitiers,
» lequel estoit lors âgé de 17 à 18 ans..... et auroit esté pris et
» mené en Angleterre, dont il se seroit réchappé incontinent,
» après la prise de lad. ville..... a fait le serment de fidélité à
» Sa Majesté et l'année d'après, le suppliant se seroit marié
» en lad. ville, où il auroit demeuré jusques en l'année 1645
» qu'il auroit esté nécessaire d'aller en l'ile de Ré pour la con-
» duite des domaines qu'il a, où il auroit demeuré jusqu'à
» présent et quant à sa mère, elle auroit toujours continué
» de demeurer en lad. ville jusques en l'année 1650, qu'elle y
» seroit décédée, et comme à présent le dessein du suppliant
» seroit de retourner en lad. ville de la Rochelle, lieu de son
» premier domicile avec sa famille, pour la commodité de son
» négoce, le droit ne peut luy en estre contesté. »

» partout. Cette proposition était trop avantageuse pour
» la refuser... » Il avait déjà visité l'Italie, il aime la
sculpture et la peinture, copie les inscriptions qu'il rencontre, collectionne les gravures et décrit les médailles.
Ses appréciations sont inspirées par une grande bienveil-
lance.

72 pages sont consacrées au récit du voyage de la
Rochelle à la frontière. Il n'arrive à Paris qu'au bout de
huit jours et il s'y arrête vingt-deux jours. Églises ma-
gnifiques mais d'une sobre ornementation, palais super-
bes, ouvrages d'architecture, de peinture et de sculpture
qui pourraient le disputer à ceux de l'ancienne Rome !

Belles symphonies , excellents motets. Il en est
charmé et, après avoir entendu Fléchier, Bourdaloue,
Massillon, convaincu qu'on n'entend rien de pareil en
aucun lieu du monde. Après Corneille, Racine et Molière,
il ne dédaigne pas les combats de chiens contre des
taureaux, des ours, des loups et des renards. « C'est un
» plaisir, dit-il, de voir la posture différente que gardent
» ces animaux dans le combat et l'acharnement qu'ont
» les chiens à les attaquer. »

Il va à Versailles : « j'ai vu le Roi plusieurs fois , à
table, à la messe et en des parties de chasse, il est grand,
de bonne mine et a été le mieux fait de son royaume ; il
a été parfaitement bien élevé et fait ses exercices mieux
qu'aucun autre prince. » Son enthousiasme ne connait
pas de bornes : cependant il termine son panégyrique
par cette réflexion : « S'il s'est fait , sous son règne,
» quelques traitements qui ont paru durs à ses peuples
» ou à ses voisins, c'est à ses ministres qu'il faut s'en
» prendre et non pas à l'équité ou à la clémence du

» Roi. » Richard admire la police du royaume, celle de
la capitale et, sans doute aussi, les lois somptuaires. Il
est douteux que des édits, comme ceux du mois de mars
1700 aient satisfait tout le monde. Le Roi proteste de la
pureté de ses intentions, il veut « arrêter l'excèz de
» despences auxquelles quelques-uns de ses sujets s'en-
» gagent d'une manière si peu convenable à leurs condi-
» tions et à leurs biens... »

« Défendons aux femmes, à peine de trois mille
livres d'amende, de porter aucune broderie, dentelle,
boutonnière, ni autres ornements sur des étoffes d'or et
d'argent, leur permettons de mettre sur des manteaux,
robes et jupes de velours et autres étoffes, des broderies,
dentelles ou galons d'or d'un demi pied de hauteur seulement, leur défendons, sous pareilles peines, de porter,
aucun or ni argent sur les écharpes, tabliers, fichus ou
palatines... mais seulement des glands ou houppes aux
quatre coins... Défendons pareillement de mettre à
l'avenir aucune crespine, franges, galons d'or et d'argent
dans les carrosses, chaises roulantes, et à porteurs, sur
les sièges des cochers et sur les housses des chevaux qui
les traînent, comme aussi de les dorer et argenter et d'y
peindre en dehors autres choses que les armes avec les
supports, couronnes et chiffres de ceux à qui ils appar-
tiennnent, le tout à peine de confiscation et de trois mille
livres d'amende... Défendons de faire aucuns lit, tapis-
series, meubles d'étoffes à fonds ni même à fleurs d'or
ni d'argent... ni de les chamarrer à plein de broderies
d'or ni d'argent... Défendons à toute sorte de personnes
d'acheter... des tables, bureaux, armoires et boëtes de
pendules et horloges et des consoles pour les porter, avec

des figures et ornements couverts de bronze doré... »
Le Roi excepte les ambassadeurs et princes étrangers et
se réserve le droit d'accorder des permissions spéciales.
— « Scellé du grand sceau de cire verte, registré en
Parlement, etc. »

La sécurité n'était pas absolue, même sur les routes
de Versailles à Paris : « Comme nous étions en guerre
en l'année 1707, les ennemis firent une tentative très
hardie, mais qui leur réussit mal. M. de Bentem, officier
de M. de Marlborough, offrit à son général de venir enlever à Versailles quelqu'un des princes, il en obtint la
permission et partit avec des gens de confiance, ayant
une commission pour cela. Comme il avait voyagé en
France, il passa aisément la frontière avec sa troupe qui
était divisée en plusieurs bandes, il ne marcha que la
nuit et vint, sans entrer dans les villes, jusques aux en-
virons de Saint-Cloud. Ce rusé partisan, qui savait que
plusieurs princes allaient souvent, la nuit, de Paris à
Versailles et de Versailles à Paris avec une très faible
escorte, comptait d'en enlever quelqu'un sur cette route.
Il attendit quelques jours une occasion favorable et enfin
il rencontra, entre Versailles et Saint-Cloud, à dix heures
du soir, un carrosse à six chevaux avec quelques gens à
cheval qui portaient les livrées du roi. Il ne douta pas
alors que ce ne fut quelque prince, il fit avancer sa
troupe, arrêta le carrosse et obligea le seigneur qui était
dedans, de monter à cheval avec lui et de le suivre. Il
traversa le bois de Boulogne et s'y égara, enfin, après
bien des détours, il reconnut son chemin, prit des
routes écartées et se rendit jusqu'à la frontière où il
fut arrêté. Le prisonnier qu'il emmenait était M. de Berin-

ghen (1), premier écuyer du roi, malade et âgé de 60 ans. Ses gens qui n'avaient pu empêcher son enlèvement retournèrent promptement à Versailles et firent avertir le roi, qui envoya aussitôt des courriers sur toutes les frontières avec ordre d'arrêter tous ceux qui y passeraient, ce qui réussit, car, au bout de vingt-quatre heures, des gens détachés de la garnison de Ham arrêtèrent le partisan avec son prisonnier qui s'allait jeter dans la forêt de Somme. On le ramena à Versailles où il fit voir sa commission et reçut un fort bon traitement, parce que lui-même avait bien traité M. de Beringhen. »

Depuis Pérone, continue notre avocat, je me trouvai conducteur de deux dames et je n'en fus que plus heureux. On regarde ordinairement la compagnie des femmes comme fort embarrassante dans les voyages, mais on reviendrait de cette opinion si elles étaient toutes comme celles-ci, elles avaient peu de bagages avec elles, étaient toujours prêtes à partir et prenaient le soin d'ordonner et de payer aux auberges, de sorte que je reçus bien plus de secours d'elles que je ne trouvai d'occasion de leur rendre service.

Richard est trop de son siècle pour apprécier le style gothique, il le signale cependant partout où il le rencontre. A Bruxelles-la-noble, la maison de ville a un clocher percé à jour, mais l'architecte, un italien, se pendit de désespoir d'avoir manqué la tour du palais des comtes de Brabant. Les habitants sont tous grands, forts et vigoureux, ce qu'il attribue à la bonté de l'air, de l'eau et des aliments, surtout à la bière, qui est leur boisson

---

(1) Beringhen (Jacques-Louis, marquis de) 1651-1723.

ordinaire. Le Titien a dessiné les figures du livre du célèbre médecin André Vésalius, sorti de l'Académie de Bruxelles.

A la cathédrale d'Anvers, Richard admire une descente de croix de Rubens, véritablement incomparable et l'effigie de Quintin Mathis. C'était un forgeron qui laissa son enclume pour les pinceaux et obtint à ce prix la main de celle qu'il aimait. Il surpassa en peu de temps tous les peintres d'Anvers.

Trente-huit tableaux de Rubens ornent l'église des Pères Jésuites. Les plus belles peintures de la Ste-Vierge et de la Magdeleine ont été faites d'après Mlle Gorhis, plus charmante encore par sa douceur et sa modestie que par sa rare beauté.

Chaque ville de la Hollande est gouvernée par un magistrat, des bourguemestres et des conseillers et un bailli dans les causes criminelles, qui exerce sa charge autant de temps qu'il plaît au conseil et qui juge absolument dans les affaires criminelles de la sentence des bourguemestres. Au-dessus d'une certaine somme, on appelle à la cour de la province, où chaque ville envoie un conseiller. Les députés des villes composent les états de la province et les députés des provinces sont les états généraux établis pour les alliances, pour les traités, pour les levées des deniers et pour ce qui regarde le bien de la République. A Amsterdam, le peuple lit plusieurs gazettes et se mêle de raisonner politique et cette manie s'étend sur tous les habitants du pays. Tout le monde paie les taxes, à proportion de son revenu. L'imprimeur ne craint point autre chose que de ne pas retirer ses frais. Richard se loue de la politesse qu'il rencontre dans les pays étrangers, « mais en Hollande, dit-il, les gens ne se sentent pas honorés de servir des personnages de condition. On n'oserait frapper un valet ou un manant. »

A Rotterdam, remarquable par l'étendue de son commerce et sa richesse, les habitants sont laborieux, grands navigateurs, économes. La ville est très proprement bâtie, les maisons toutes peintes, les canaux bordés d'arbres.

Grand admirateur de l'éloquence, il fut heureux d'y entendre Basnage, Superville et La Rivière. Rotterdam a élevé une statue à Érasme, elle en devrait une à Bayle. Richard fit connaissance avec le docteur Du Chemin, homme d'un mérite distingué, et Pierre Jurieu, homme illustre dans la République des lettres, et connu par de nombreux ouvrages, alors « blanc comme un cygne » par l'effet des années. Richard reproduit la médaille frappée à son honneur. Il vit également Leers, l'éditeur de Bayle et de Junius et visita le cabinet d'histoire naturelle du bailli de la Faille.

Le *Lugdunum Batavorum*, Leyde, est la ville savante qui s'honore d'Arminius, Spanheim, Grotius, Dousa, Vossius, et possède les manuscrits de Joseph Scaliger, le plus savant homme de son temps.

Hermann était directeur du Jardin botanique.

Haarlem est une fort jolie ville bien bâtie, dans laquelle on fait un grand commerce de toiles, de soieries. Il y vit des modèles de vaisseaux qui combattirent à Damiette, 1218-1249. Il s'extasia devant des tulipes, des anémones, des jonquilles et des œillets.

C'est aussi à l'industrie des habitants de Haarlem que serait due l'invention de l'imprimerie, car on prétend

que Laurent Jansson dit Coster, se promenant dans
le bois de Haarlem, prit de l'écorce de hêtre et en dé-
coupa quelques lettres qu'il imprima à droite et à gauche
sur du papier, ensuite prévoyant quelque utilité de cette
invention, il en tailla des mots et des lignes toutes en-
tières et s'avisa de les tremper dans de l'encre commune,
mais comme elle s'éclatait trop, il en fit de plus épaisse
et forma des caractères de bois et d'étain avec lesquels
il n'imprima que d'un côté des pages. Son garçon déroba
son secret et le porta, dit-on, à Mayence où peu à peu
cet art s'est perfectionné. »

Richard lia amitié avec Le Fèvre et visita le médecin
Vandale et le fameux Romein de Hooghe, peintre, gra-
veur et dessinateur excellent. On voit, dit-il, dans ses
œuvres « beaucoup de feu et d'imagination. C'est dom-
» mage qu'elles ne soient pas plus finies et plus cor-
» rectes. »

Amsterdam peut passer pour un chef-d'œuvre mais
c'est un tout autre air que Paris, Rome ou Venise. C'est
la ville d'Europe la plus riante. « Cette ville parait
» double : on la voit dans les eaux et la réverbération
» des palais qu'on voit dans les canaux fait de ces lieux
» un séjour enchanté. » (Regnard) Après avoir dit
que la Synagogue des Juifs est incomparablement plus
belle que celle de Venise, « le mot de Bourse, ajoute-t-il,
vient du nom d'une vieille maison qu'on abattit à Bruges
pour en faire une place carrée et entourée de portiques
où les marchands s'assemblaient, laquelle avait une
Bourse pour armes, ce nom a été donné depuis à toutes
les places où les négociants s'assemblent pour parler de
leur commerce. » Il signale l'emploi de la tourbe comme

combustible, et donne les dessins des pompes à incendie.
Le port est toujours rempli d'un nombre prodigieux de
vaisseaux de toutes les nations. On a fondé et richement
doté de beaux hôpitaux pour les orphelins, les veuves,
les vieillards. Les Hollandais excellent dans la navigation.
Ils sont naturellement laborieux, ménagers. La compagnie des Indes a ses vaisseaux qui ont tenu tête à ceux
des souverains. La Cour de l'Amirauté tient ses séances
dans un fort bel hôtel. Pour prévenir les incendies, on
tient la nuit sur des clochers des gardes qui avertissent
en cas d'accident et d'autres hommes qui se promènent
par les rues et qui crient incessamment : « Il est telle
heure. Prenez garde au feu et aux voleurs. »

« Pour ce qui regarde la propreté, elle passe l'imagination, à la campagne comme à la ville, les garnitures de
foyers luisent comme l'argent et rien n'est plus surpre-
nant que la propreté de leurs cuisines, les chaudrons y
sont clairs comme l'or dedans et dehors et tout jusqu'à
la poële et le gril y sont brillants. J'y ai connu des gens
— qui ne se servent pas de fourchettes — mais qui font
laver jusqu'au bois qu'ils brûlent et savonner les arbres
de leur jardin. Du reste, on ne voit jamais ni tache, ni
trous dans leurs habits, même chez les paysans. » Il
termine par des extraits d'une pièce d'Etienne Pavillon
(1) sur le caractère des Hollandais.

---

(1) Pavillon, Etienne (1632-1705) de l'Académie française.

La terre avare à leur égard
Ne leur a fait aucune part
De ces biens, dont ailleurs on la trouve remplie
Et cependant ces bonnes gens

Il se félicita d'entendre à la Haye , Sion, de Joncourt
et J. Saurin (2), dans tout l'éclat de leur éloquence. Il
partit pour aller prendre les eaux à Aix-la-Chapelle,
fameuse par sa Maison de ville, sa Cathédrale et son
Université. Ville qui a donné naissance à Adrien Florent,
précepteur de Charles-Quint et pape au seizième siècle (3)
et à Anne-Marie de Schurmann (4), « la plus savante fille
de son temps en toutes les langues et la plus adroite dans
les arts. »

Richard se réjouissait d'avoir rencontré pour compagnon
de voyage, le baron de Groot, conseiller des finances de
Hanovre, lorsqu'il apprit que ses biens venaient d'être
saisis à la Rochelle comme biens de fugitifs, or, suivant
le terme consacré, il avait fait son devoir, ses passeports
visés par les gouverneurs des places frontières avaient

Ont tant fait par leur industrie
Qu'ils ont abondamment les besoins de la vie
En dépit des quatre éléments.
Sans faste et sans magnificence,
Contents d'une agréable et simple propreté ,
On voit ce qui ne peut ailleurs être imité
Et qui passe toute croyance,
Les richesses sans vanité,
La liberté sans insolence,
La maltôte sans pauvreté,
En un mot, sans perdre de temps
En descriptions inutiles,
Rien n'est plus joli que les villes
Et rien n'est plus heureux qu'en sont les habitants.

(2) Saurin, Jacques (1677-1730), pasteur français.
    Joncourt, Pierre de (1600-1725), pasteur français.
(3) Adrien IV, Adrien Florent (1459-1523).
(4) Schurmann, Anne-Marie de (1607-1678).

été respectés même par des partisans, ou plutôt par des pillards qui déshonoraient l'uniforme en volant les voyageurs. Pour obtenir main-levée, il dut fournir copie de ses passeports et envoyer des certificats en forme des magistrats et des médecins d'Aix et promettre de revenir promptement à la Rochelle. Il vit à Utrecht un vieux gentilhomme qui ayant laissé en Aunis dix mille livres de rente et se servant de vaisselle de terre, tint à le recevoir et le conduisit chez David Martin (1), le savant commentateur. « On compte à Leyde, ajoute Élie Richard, six mille réfugiés français, autant à la Haye, quatorze mille à Rotterdam, vingt mille à Amsterdam, soixante mille à Londres. » Dans un gros bourg du territoire de Liège, il vit, comme jadis à la Rochelle, une église soumise au *simultaneum*. A Cologne, on lui montra la peinture de cette femme enterrée vive et qui échappa à la mort par un concours merveilleux de circonstances.

Le fossoyeur, sachant que cette femme avait au doigt une bague de prix, alla, de nuit, ouvrir la tombe, et commença par lui couper le doigt, mais la douleur que sentit la femme qui était en léthargie, la fit revenir. Elle se lève et crie. Le fossoyeur épouvanté laisse dans le cimetière sa lanterne et ses outils. La femme, s'enveloppe de son suaire et, la lanterne à la main, va frapper à la porte de son mari. Les domestiques la reconnaissent à sa voix et sans oser ouvrir, courent prévenir le mari qui les traite de visionnaires, ajoutant qu'il croirait plutôt que ses chevaux de carrosse sont dans son grenier. Cependant, aux coups redoublés de sa femme, il arrive, la

____

(1) Martin (David) 1639-1721, pasteur français.

trouve transie de froid et la reçoit avec une joie et une surprise indicibles, mais il ne fut pas moins surpris lorsqu'on vint lui dire que ses six chevaux de carrosse étaient dans son grenier. La femme vécut sept ans encore après son enterrement qui eut lieu en 1571. Richard se fit montrer un grand drap filé par elle et les peaux des chevaux de carrosse collées sur des moules de bois aux plus hautes fenêtres de la maison.

Le vrai peut quelquefois n'être pas vraisemblable. J'ai eu occasion de constater que le sieur de Civille, gentilhomme de Normandie faisait suivre sa signature des trois mots « mort, enterré et ressuscité. » Voici l'histoire. Pendant le siège de Rouen, combattant le 14 Octobre 1562 sur le rempart Saint-Hilaire, il fut atteint d'une balle qui pénétra par la joue droite dans le cou, et il tomba privé de connaissance et fut jeté dans une fosse. Ne le voyant pas revenir, son valet s'adressa à Montgommery, et ayant appris qu'il était mort, il demanda en grâce qu'on lui indiquât où son corps avait été déposé. Montgommery ordonna au lieutenant de ses gardes de l'y conduire. Après d'infructueuses recherches, le fidèle serviteur allait rentrer en ville, lorsque, se retournant une dernière fois, il vit briller au rayon de la lune un petit diamant qu'il reconnut à sa forme triangulaire pour appartenir à Civille. S'étant jeté sur le corps de son maître pour l'embrasser, il s'aperçut que la vie n'était pas encore éteinte, et il le fit transporter à l'hôpital de Sainte-Claire ; mais les chirurgiens refusèrent de le panser, en disant qu'il était mort. Il le porta alors chez M. de Coquereaumont où il logeait, et à force de soins, il parvint à le ranimer, au bout de quatre jours. Six jours

plus tard , la ville était prise d'assaut , la maison dé-
vastée et le malheureux Civille jeté par la fenêtre dans
une cour, où se trouvait heureusement un tas de fumier
sur lequel il tomba. Ce ne fut que trois jours après que
M. Croiset, son parent, osa le faire transporter secrète-
ment dans une maison de campagne où il recouvrit une
santé si parfaite qu'il vécut encore plus de cinquante
ans. En 1584, il fut députe par la duchesse de Bouillon
auprès de la reine Elisabeth et soumit à Leicester ses
idées sur les moyens de réduire les Pays-Bas espagnols.
En 1593, il assista à l'Assemblée de Mantes, fit imprimer
le récit de sa vie en 1606. Civille était octogénaire, lorsque, deux fois veuf, il mourut d'une fluxion de poitrine
qu'il avait gagnée en passant la nuit sous les fenêtres de
la belle, dont il espérait faire sa troisième femme.

Richard vit à Cologne la tombe de Marie de Médicis.
De Cologne à Nimègue ; il fait trente lieues en vingt-
quatre heures. Il transcrit à Cambray des vers sur
l'écrivain illustre

> Qui s'est vu condamner pour un livre mystique
> Et se voit admiré pour un joli roman.

Richard revient à la Rochelle le 15 novembre 1707,
remercie Dieu de lui avoir rendu la santé et sa tante des
obligations infinies qu'il lui avait. Outre ce voyage en
Hollande, il avait écrit *un voyage en Italie* en 1695 et
1696, *un voyage d'Amsterdam à Vienne et de Vienne
à Rome, un voyage à Bagnères de Bigorre* et il avait
commencé une *Histoire de la Rochelle*.

Il étudia pendant trois ans la médecine à Paris, de
1690 à 1693, il prit à Poitiers ses inscriptions de droit et
y soutint ses thèses de droit civil et canonique, et ses

examens de droit français. Nous n'avons pu trouver trace de son décès dans aucun des registres des cinq paroisses de la Rochelle, mais il payait encore, en 1722, une rente sur une maison de la grande rue. Nous ne rapprocherons pas son récit de ceux de Lecointe, de Hegenitus, de Le Pays, de Regnard, ses devanciers, qu'il complète sur plus d'un point.

167 ans ont passé. J'imagine Richard renouvelant son voyage.

Le siècle de Louis XIV, qui signalait comme un prodige l'unique chandelle placée au milieu de Paris par ordre du lieutenant de police, ne devait pas être très difficile en fait d'illuminations. Edison est venu, qui a bien changé tout cela, et tandis que l'architecture française imaginait et élevait des constructions colossales pour la plus immense collection de chefs-d'œuvre en tout genre qui ait jamais été réunie sur un point du globe, l'électricien américain et ses élèves des nations diverses dérobaient au soleil ses feux pour éclairer les vastes espaces, au milieu desquels s'étalaient ces trésors. Le téléphone transmettait la voix humaine et le phonographe rendait présents des sons, des voix, des concerts, des discours depuis longtemps évanouis. Instruments et découvertes symboliques, car le but de l'homme et de ses longs et persévérants efforts sur la terre n'est-il pas de triompher des obstacles que le temps et l'espace opposent à sa faiblesse et de préparer le règne du Beau, du Vrai et du Bien, dans la paix et la liberté?

DE RICHEMOND.

21 décembre 1889.

LECTURES

AUX SÉANCES PUBLIQUES DE L'ACADÉMIE

Par M. de Richemond

Aquarium. 1865.

Baron H. Aucapitaine. — 1868.

J. R. C. Quoy. — 1870.

Hippolyte Viault. — 1872.

Les algues de l'île de Ré. — 1874.

Sully à la Rochelle. — 1875.

Découverte du testament d'Aufrédi. — 1876.

La Rochelle au temps de Charles VII. — 1877.

La Rochelle d'outre mer. — Jean Jay. — 1878.

Variations de l'écriture depuis la peinture figurative
  jusqu'à l'imprimerie. — 1881.

L'art dans les catacombes de Rome. — 1881.

La vie dans les abîmes de l'Océan. — 1883.

Henri Milne Edwards. — 1885.

Typ. A. Siret. — La Rochelle